Y. 4668 (Réserve)

Chant Pastoral
DE LA PAIX.

PAR R. BELLEAV.

A PARIS,
De l'imprimerie d'André Wechel.
1559.
AVEC PRIVILEGE DV ROY.

Chant Pastoral
DE LA PAIX.
LES PASTEVRS,
BELLIN, THOINET, ET PEROT.

BELLIN

'Est de long tems Thoinet, Thoi-
net, que la Fortune
Est comme par destin entre nous
deux commune,
Vn miserable soing tousiours sur no-
stre chef
Importun amoncelle vn monde de mechef,
Hé qui seroit heureux? quant dessus la campagne,
Nous voions les soudars & de France & d'Espagne
Tous armez s'esbranler, & pour quelque bon-heur
Cherement acheter vn miserable honneur.

A ij

CHANT PASTORAL

Ne voy tu des le tems que noſtre pauure terre
Suporte ſur le dos les meurtres de la guerre,
Qu'a peine & maugré ſoy depite elle produit
Comme par vn deſdain, ſon herbage & ſon fruit?
Ne voy tu des foretz le plus eſpais feuillage,
Qui ne porte ſinon à regret ſon ombrage?
Les Faunes, les Syluains de tous coſtez eſpars
Se muſſant ont quitté les foretz aux ſoudars:
Il n'y a dans ces bois lieu tant ſoit ſolitaire,
Qui ne ſente de Mars la fureur ordinaire:
Vous le ſçauez taillis, & vous coutaux boſſus,
Vous mons rochers & bois, & vous autres mouſſus
Qui mille fois le iour reſpondez à mes plaintes,
Plaintes qu'on liſt au front de ces arbres empraintes:
Nymphes vous le ſçauez, & vous qui habitez
Satyres, dans le creux de ces obſcuritez:
Meſme le beau criſtal de ces viues fontaines
Le murmure en coulant par ces herbeuſes plaines.
N'as tu pas veu Thoinet machotter les brebis,
L'herbe demi-brulée au millieu des herbis?
Briſer noz chalumeaux, & de mille ruines
Menaçer les rouſeaux de noz pauures caſines?
Au lieu d'eſpitz creſtez naiſtre ſur les ſillons
Les chardons heriſſez de poignans eguillons?
Les porcz dans les ruiſſeaux, & troubler dans la prée,
L'eau que tous les Bergers tenoient comme ſacrée?

De

DE LA PAIX.

De carmes enchantez la Lune ensorceler,
Faire tarir le lait, & le pis desenfler
De la vache laittiere, & de mauuaise œillade
Rendre tout le troupeau & galeux & malade?
Bref i'estime celuy trois & trois fois heureux
Qui mourant n'a point veu vn ciel si malheureux.
On ne fait plus aux champs l'annuel sacrifice
A Pales ni à Pan, tout gaillard exercice
A perdu son honneur, dessus l'herbe luter,
Outre les clers ruisseaux d'vne cource sauter,
Et comme dans ces champs, on ne voit dans la ville
Qu'vn piteux desarroy, Galate & Amarylle
De leur propre seiour à tous coups s'estranger,
Affin de n'estre proye au soldat estranger,
La pucelle est forcée, & la courbe vieillesse,
Fuit d'vn pié chancelant de peur & de foiblesse,
Que pleust à Dieu Thoinet, que de simples rouseaux
Ie ne me fusse au col pendu des chalumeaux,
Mais qu'en me façonnant comme soldat pratique,
I'eusse apris à cresper le long bois d'vne pique,
A piquer vn cheual, le manier en rond,
A dextre & à senestre, à courbette, & à bond,
A le mettre au galop, à luy donner carriere,
A rompre de droit fil vne lance guerriere,
A monter courageux sur le flanc d'vn rampart,
Raportant le harnois faucé de part en part,

CHANT PASTORAL

Et d'vne noble plaie acheter vne gloire,
Plustost que par mes chans vne sourde memoire.
   Que ferons nous Thoinet? ie ne puis viure ainsi,
Le Dieu Pan ni de toy, ni de moy n'a souci,
La misere nous suit de si pres qu'a grand peine
Pouuons nous librement desrober nostre aleine
Pour enfler la musette, & mouiller seullement
Lanche de noz pipeaux qui se moisist au vent.
Mes doitz sont engourdis, ie pers la cognoissance,
D'estouper du flageol, l'inegualle ordonnance:
Mais ta Loure est entiere, & le ventre en est bon
Lanche, le chalumeau, le soufloir, le bourdon,
Ne perdent point le vent, sa petite languette
Comme il te plaist Thoinet, fait parler ta musette
Aux taillis cheuelus, aux rochers, & aux bois,
Mais entre les rochers, s'est derobé ta voix.

THOINET

Il est vray mon Bellin, mais que seruent noz plaintes,
Tousiours auec les vents elles sen vont estaintes,
Nous les chantons aux rochs, mais helas ils sont sourds,
Au murmure des eaux, mais begues sont leurs cours,
Nous les grauons assez es rides de l'escorce
Des saules verdoians, mais ils n'ont pas la force
De les pouuoir conter, & me deplaist vraiment

                                     D'auoir

DE LA PAIX.

D'auoir iamais tenté d'enfler premierement
La musette Françoise, & reueillé la Muse
Qui muette dormoit es bois de Syracuse:
Et lors que ie l'enflai, ie deuois estre sage
Par les signes certains d'vn malheureux presage
(Ie tremble en y pensant) car ie vi de mes yeux
Sous vn aër embrouillé, le haut d'vn chesne vieux
Soudain frappé du ciel, & si vi la plus belle
Des cheures de Collin, auorter dessous elle
De deux petis cheureaux, i'en porte encor au flanc
Vn ceinturon couuert de la peau du plus blanc
Qu'alors il me donna, pour noter l'auanture,
Et remarquer le iour d'vn si mauuais augure,
Qu'a force i'entaillé dessus ces arbrisseaux
Et sur le vert tapis de ces prochains ruisseaux.

BELLIN

C'est trop se lamenté, cessons de nous complaindre,
Aussi bien noz douleurs ne peuuent pas ataindre
Aux oreilles des Dieux, laissons la ces regretz,
Et chantons ie te pry sous ces ombrages frez:
L'amoureuse saison, à chanter nous conuie,
Puis de chanter à toy, i'ay de long tems enuie.
Voy ces prés non foulez d'autres piez que des Dieux
Faunes & Cheurepiez hostes de ces beaux lieux,

CHANT PASTORAL

Voi le tendre bourgeon qui s'enfle, & qui decouure
S'esbourrant peu à peu, vne gemme qui s'ouure
D'vn œil à demiclos, voi les arbres pousser,
Voi les boutons éclos, en poignant s'auancer,
Au bors de ce ruisseau voi ces deux collombelles
Qui sont bec contre bec, & tremoussant les ælles
Se baisent tour à tour, & vont faisant l'Amour,
C'est presage certain de voir quelque beau iour:
Voi l'email bigarré de ces fleurs nouuelettes,
Encores non touché des pillardes auettes,
Escoute parmi l'air les petis oisillons,
Voi le sable menu qui sautelle à bouillons
Et tremblotte au dedans de cette pierre viue,
Voi ces bordz couronnez d'vne mousse naïue
Qui enfle tout le creux, & á le voir rouler,
On diroit que son eau s'esforce de parler,
Mais oy comme elle iaze, Hâ! c'est vne eau prophette,
Perot la fait parler au vent de sa musette,
Perot ce grand berger, il m'en souuient fort bien,
Car enflant l'autre iour vn chalumeau tout sien
Fait de cane de ionc, au bors de la fontaine
Qui prend son non d'Hercule, & les bois, & la plaine,
Les herbes & les fleurs, les antres & les mons,
Enchantez respondoient à ses douces chansons.

THOIN.

DE LA PAIX.

THOINET

Or puis qu'il faut chanter allons sous le feuillage
De ce large fouteau qui fait si bel ombrage,
Zephyre animera les fleutes de nous deux :
Mais ie voy ce me semble vne trouppe de beufz
Au fond de ce vallon, cette vache abaissée
Qui a l'eschine blanche, & la corne emoussée,
C'est la vache à Perot, c'est elle, ie la voy,
Encor par ces buissons vn berger i'aperçoy
Qui acourt droit à nous, à voir sa panetiere,
Ses guestres, son flageol, son chien, & sa louuiere,
C'est Perot, c'est luy mesme, il auance le pas,
Il nous à recogneus, il estendia les bras
Pour nous saisir au col, Pan ce iourd'huy nous montre
Qu'il nous veut quelque bien par si douce rancontre.

PEROT

Pan le Dieu des foretz, & des Bergers aussi,
Vous maintienne en sa garde, & de vous ait souci,
Que dites vous Bergers, à voir vostre visage,
Vous estes tous pensifz, & semble qu'vn orage
Ou quelque autre malheur, soit tombé dessus vous,
Sus mettes sous le pié le soing & le courroux,
Il se faut esgayer, Enfans il faut s'esbatre

B

Il faut prendre la fleute, & de cire molastre
Rafuter promptement les trous de voz pipeaux,
Le loup n'a plus la dent sur noz petis troupeaux,
Il faut en cent façons marquer cette iournée
Sur l'escorce des bois, la Paix est retournée,
La Paix fille de Dieu, abandonnant les cieux,
Pour estre à tout iamais garde de ces bas lieux:
On en fait ia les feux, i'en ay veu la fumée
Estant sur ce coustau, & la terre semée
D'un grãd nombre de gens qui vont ioignãt les mains,
Pour loüer ce grand Dieu qui a soing des humains,
Et qui assopissant des pasteurs la querelle,
A tourné leur discord, en amour mutuelle.
   Sus donques mon Thoinet, embouche ton flageol,
Qui d'un cordon de laine est pendu à ton col,
Bellinte respondra, quant à moy ie retourne
Du saint horreur de l'antre, ou mon pipeau seiourne
Pendu sur le portail, puis dedans moy ie sens,
Cent deitez encor qui m'ont raui les sens:
Ie m'en vois reposer sur ces fleurs nouuelettes,
Pour entendre de pres le son de voz musettes,
Commence donq Thoinet, il n'y fault plus penser,
La Paix est descendue, il te faut commencer.
   Lors Thoinet plus deuot mist le genoil en terre,
Dresse les yeux au ciel, & ses cheueux enserre
D'un tortis de veruaine, & deuers l'orient

Estendant

DE LA PAIX.

Estendant les deux bras, alloit ainsi priant.

THOINET.

Ie te saluë O Paix fille de Dieu,
Fille de Dieu, tu sois la bien venüe,
La belle Astrée, & Themis la chenüe,
Sont maintenant de retour en ce lieu:
Ne cherche plus dans le ciel ta retraitte,
Ici les ventz qui souspirent dans l'air
Te font honneur, la terre t'est sugette,
Et ce qui court d'escaillé dans la mer.

Ie te saluë O repos Eternel,
De l'Vniuers l'aliance premiere,
Qui debrouillant la confuse matiere,
Sur deux piuotz fis rouler ce grand ciel:
Et surpendis de main industrieuse
La pesanteur des plus lours Elemens,
Et en bornant la marine écumeuse,
Tu l'asseuras sur le meillieu des ventz.

Ie te saluë O Paix souuerain bien
Du peuple bas, seur apuy des prouinces,
Ie te saluë O Garde de noz Princes,
Et des cités le fidel entretien:

B ij

CHANT PASTORAL

*Le clair Soleil qui de sa pointe entame
Le iour poignant, & qui le ferme au soir,
Nous montre assez par les rais de sa flâme,
Le grand plaisir qu'il reçoit de te voir.*

*Donq que l'on voie à ton heureux retour,
Rire les chams, verdoier les campagnes,
Le ciel sans nue, & le haut des montaignes
Tousiours doré des raions d'vn beau iour:
Que les replis de la Seine ondoyante
Porte ton nom iusqu'aux flotz écumeux
De la grand mer, & puis la mer bruiante
Le pousse aux ventz, & les ventz iusqu'au cieux.*

*Et qu'en marchant à l'ombre de tes pas
Le sein fecond de la terre florisse,
Sur les buissons, la rose epanouisse,
Et le dous miel pleuue tousiours çabas:
Tant que l'on voie vne saison dorée,
De tout bonheur redorer nostre tems,
Et que le ciel & la terre honorée
Soit à iamais d'un eternel Printems.*

*C'est toy, c'est toy, qui fais parler les portz
Diuers langage, & qui permetz encore
Que l'Espagnol, le Barbare & le More,*

Puissent

Puissent surgir seurement à noz bors.
C'est toy qui fais que les chams se herissent
D'espicz crestez, & qu'au bras des ormeaux
Les beaux raisins surpendus se noircissent,
Et dans les prez se hurtent les toreaux.

 C'est toy qui tiens en cent chaisnes d'airain
L'Inimitié, le Discord, & la Guerre,
Guerre qui fait que le fruit de la terre
S'euanouist si tost de nostre main.
C'est toy qui fais que les Bours & les Villes
Courbent le chef sous le ioug de la Loy,
C'est toy qui fais que les citez tranquilles
Vont honorant la magesté d'vn Roy.

 Par toy chascun vit & libre & gaillard,
Par toy l'on fait Tournois & mariages,
Par toy Venus alume noz courages
D'vn feu segret qui doucement nous art:
Quand des beaux yeux d'vne beauté diuine
Ce petit Dieu se glisse dedans nous
De veine en veine, & dans nostre poitrine
Verse, mechant, son venin aigre-dous.

 Et bref c'est toy qui de plaisirs diuers
Nous fais iouir, & leur laches la bride

CHANT PASTORAL

C'est toi qui sers de secours & de guide
A ce qui roule en ce grand Vniuers:
Et bref tu es la nourice feconde,
Et seur rampart des plus foibles citez,
Ton cher tetin alaitte ce bas monde,
Le bienheurant de cent felicitez.

Le moissonneur par toi librement dort
Dans sa moisson, la main sur la faucille,
Par toi l'humeur du vin nouueau distille
Dedans la tonne écumant iusqu'au bort.
Reste sans plus France, que l'on enserre
De lauriers vertz le front de ces deux Roys,
Roys les plus grandz, de cette basse terre,
Soit en vertu, en armes, ou en loix.

Donques affin que iamais n'esperions
Guerre ici bas, que l'estandart fleurisse
En vers rameaux, Et que l'araigne ourdisse
Sa fine trame es vuides morions.
Que des brassardz, & du cors de cuirasse,
Le fer s'alonge en la pointe d'vn soc,
Le coutelas, la pistolle & la masse,
Dans le foureau se moisissent au croc.

Et si restoit encor dessus les murs

De

DE LA PAIX.

De noz citez, de rancœur quelque trace,
A coups de pié pousse-le dans la Trace,
Ou sur le chef des Sythes, & des Turcs,
Tant qu'a iamais on ne sente l'orage
Ni la rancœur de ce Mars furieux,
Au moins la France, & ceux qui font hommage
A ce grand Dieu qui nous promet les cieux.

Sus donq Bergers, qu'il n'y ait arbrisseau
Dessus le tronc qui ne porte engrauée
De cette Paix la saison retrouuée,
Et de ce iour le bienheureux flambeau:
Que tous les ans ô Pan qu'on te nourrisse
Pour ce iour mesme vn petit aignelet
A la peau blanche, & que chascun emplisse
Pour te donner vn grand vaisseau de lait.

Et quant à moy, sous les ombres molletz
De ces coudriers, pres cett' eau qui iargonne
Dessus le sable, il faut que ie façonne
De gazons vers deux petis auteletz:
L'vn à celui dont les vertus entieres
Et la faconde ont rendu pour iamais
De tout bon heur noz terres heritieres,
Tirant du ciel la bienheureuse Paix.

CHANT PASTORAL

En son honneur croissez herbes & fleurs,
Et en croissant, faites croistre la gloire
De son merite, a fin que sa memoire
Y soit viuante en cent mille couleurs.
L'autre à celuy, dont la sage vieillesse,
Le meur conseil esprouué de noz Roys,
A du haut ciel tiré ceste Deesse
Pour la loger au millieu des François.

L'autel premier, d'un verdoyant lierre
Tout a l'entour aura les frontz couuerts,
L'autre sera entaillé d'une pierre,
Ou tous les ans ie chanteray ces vers.
Dessous leurs piez & la manne & le miel
Naisse tousiours, & la fresche rosée,
Tant que leurs prez, & leur terre arosée
Soient à iamais d'un printems eternel.

D'un mois d'Auril la pluie se repanche
Dessus leur chef, puissent dans leurs pourpris
Tousiours fleurir le Thin, & la Paruanche,
Puissent suer leurs chesnes l'Ambre gris.
Que de nectar, & de vins estrangers,
Soient iusqu'aux bors leurs cuues tousiours plaines,
De lait caillé blanchissent leurs fontaines,
En sucre & miel se fondent leurs rochers.

Que

Que de Ceres la tresse blondissante
Puissent cresper leurs sillons abondans,
De leurs buissons l'espine herissante,
Puisse rougir de beaux raisins pendans.
Puis que pour nous ils ont tant trauaillé,
De mille biens fortunant nostre terre,
Que sans auoir en armes bataillé,
Par vne Paix ont surmonté la guerre.

PEROT

Le sommeil n'est si doux sus l'herbe rousoiante
Aux Bergers trauaillez, ni la source ondoiante
D'vn argentin ruisseau, pour leur soif alenter,
Que m'est doux & plaisant ton amoureux chanter:
Pan m'en soit à tesmoing, les mons & les valées
Les foretz & les rochs, & les voix redoublées
De Menalque & Daphnis, i'en iure par ces eaux,
Et par les cornichons de mes ieunes bouueaux.
Mais ia l'ombre plus grand du sommet des montagnes
Deualle redoublé sur les brunes campagnes,
Garçons il s'en va tard, allons trouuer mes beufz
Au fond de ce vallon, ie vous loge tous deux,

C

Point ne nous defaudra la chastaigne mollette,
Ni le fourmage frais, & puis ma Cassandrette
Dressera promptement nostre petit repas,
Le iour s'en va brunir, Enfans hastons le pas.

FIN DV CHANT
PASTORAL
DE LA PAIX.

PRIVILEGE.

PAR lettres patentes du Roy il eſt permis à André Wechel, imprimeur & libraire iuré en l'Vniuerſité de Paris, d'imprimer & vendre ce liure intitulé, Chant Paſtoral de la Paix, par R. Belleau, auec inhibitions & defences à tous autres imprimeurs & marchans, de non imprimer ny vendre en ce Royaulme le dict liure de dix ans apres la premiere impreſſion paracheueé, ſur peine de confiſcation, de mille liures pariſis d'amende. Enſemble à ledict ſeigneur voulu, qu'en inſerant le contenu de ſes lettres patentes, ou l'extract d'icelles, à la fin ou au commencement dudict liure, elles ſoyent tenues pour ſuffiſamment ſignifiées, & venues à la notice & cognoiſſance de tous libraires & imprimeurs, tout ainſy, que ſi leſdictes lettres leur auoyent particulierement & expreſſement eſté monſtrées & ſignifiés: comme appert plus amplement par leſdictes lettres patentes, données à Reins l'vnzieſme de Iuing 1557.

Par le Roy, le ſeigneur de Villemor, maiſtre des requeſtes ordinaire de l'hoſtel, preſent.

Coignet.

www.ingramcontent.com/pod-product-compliance
Lightning Source LLC
Chambersburg PA
CBHW071444060426
42450CB00009BA/2297